ŒDIPE

Traduction : M. E GRESLOU
TRAGÉDIE

Table des matières

Personnages

ŒDIPE.

JOCASTE.

CRÉON.

TIRÉSIAS.

CHŒUR DE THÉBAINS.

MANTO.

UN VIEILLARD.

PHORBAS.

UN ENVOYÉ.

Argument

Œdipe étant roi de Thèbes, une peste affreuse vient désoler cette ville. Créon, frère de Jocaste, est envoyé à Delphes pour consulter l'oracle d'Apollon sur les remèdes à opposer à ce fléau cruel. Le dieu répond que la peste ne cessera pas ses ravages tant que la mort de Laïus n'aura pas été expiée par l'exil du meurtrier. Œdipe ordonne alors au devin Tirésias de chercher à découvrir, par la divination, l'assassin du roi. Le vieillard aveugle, aidé de sa fille Manto, interroge les entrailles des victimes : ce moyen ne réussissant pas, il emprunte le secours de la magie pour évoquer des enfers l'ombre de Laïus, qui déclare que c'est Œdipe lui-même qui est le meurtrier. La vérité connue, Œdipe, voyant qu'il est devenu l'assassin de son père et le mari de sa mère, double crime dont l'avaient menacé les oracles, tourne sa fureur contre lui-même, s'arrache les yeux, et se condamne à l'exil. Jocaste se frappe d'une épée.

Acte Premier

Scène I

ŒDIPE, et ensuite JOCASTE. [1950]

ŒDIPE.

Une clarté douteuse a dissipé les ténèbres ; le soleil élève tristement son disque pâle et voilé de sombres nuages, pour contempler le deuil de notre ville désolée par un fléau dévorant, et le jour va découvrir à nos yeux les ravages de la nuit. Est-il un roi qui se trouve heureux sur le trône ? O trompeuse idole, que de misères tu caches sous une riante image ! Comme les plus hautes montagnes sont toujours en butte à la fureur des vents ; comme les rochers qui divisent les vastes mers de leurs pointes aiguës, ne cessent pas, même en temps de calme, d'être battus des flots : ainsi la haute position des rois les rend plus exposés aux coups de la fortune. Que j'avais bien fait de fuir les états de Polybe mon père ! j'étais exilé, mais tranquille ; errant, mais exempt d'alarmes. Le ciel et les dieux me sont témoins que je ne cherchais pas le trône où je suis monté [1951] . Une prédiction funeste me poursuit, je crains de devenir l'assassin de mon père ; le laurier prophétique de Delphes me menace de ce crime, et d'un autre plus grand encore. Et pourtant, peut-il en être un plus affreux que le meurtre d'un père ? Malheureux enfant que je suis [1952] ! j'ai honte de rappeler cette prédiction funeste : Apollon m'annonce un hymen abominable [1953] , une couche incestueuse, et des torches impies qui doivent éclairer l'union d'un fils avec sa mère ! C'est cette crainte seule qui m'a chassé des états paternels [1954] . Je n'ai point quitté le lieu de ma naissance comme un vil banni ; mais, défiant de moi-même, j'ai mis à couvert tes saintes lois, ô nature ! Quand l'homme tremble à l'idée d'un crime [1955] , alors même qu'il ne le voit pas possible, il doit le craindre encore. Tout m'effraie, et je n'ose compter sur moi-même. Il faut bien que la destinée me prépare quelque malheur ; car, que dois-je penser de me voir seul épargné par le fléau qui, déchaîné contre le peuple de Cadmus, étend si loin ses rayages ? A quel malheur suis-je donc réservé ? dans la désolation d'une ville entière, au milieu des larmes et des funérailles sans cesse renaissantes, je reste seul debout sur les débris de tout un peuple. Condamné comme je le suis par la bouche d'Apollon, pouvais-je attendre une royauté plus heureuse, pour prix de si grands crimes ? C'est moi qui empoisonne l'air qu'on respire ici. Le souffle pur de la brise ne rafraîchit plus les poitrines haletantes et brûlées ; les Zéphyrs caressants ont fui nos climats ; le soleil s'embrase de tous les feux de l'ardent Sirius que précède le terrible Lion de

Némée ; les fleuves ont perdu leurs eaux, et les champs leur verdure ; la fontaine de Dircé est tarie [1956] , et l'Ismène n'a plus qu'un filet d'eau [1957] qui peut à peine baigner les sables de son lit. La sœur d'Apollon passe invisible à travers le ciel, et une nuit inconnue se répand sur la face du monde. Les nuits, même les plus sereines, sont sans étoiles ; une lourde et sombre vapeur s'appesantit sur la terre ; les palais de l'Olympe et les hautes demeures des dieux se cachent dans une obscurité pareille à la nuit infernale. Cérès avorte, et, au moment où les blonds épis se balancent joyeusement dans l'air, le fruit meurt sur sa tige desséchée. Personne n'est exempt des atteintes de ce fléau [1958] : il frappe sans distinction d'âge ni de sexe, tue les vieillards et les jeunes hommes, les pères et les enfants, consume l'époux et l'épouse dans les feux d'un même bûcher. Le deuil et les pleurs manquent aux funérailles, la rigueur obstinée de ce mal terrible a tari la source des larmes ; et ce qui annonce le dernier terme de la douleur, les yeux demeurent secs. Ici c'est un père mourant, là une mère éperdue, qui portent leur enfant sur le bûcher, et se hâtent d'en aller prendre un autre pour lui rendre le même devoir. La mort même naît de la mort [1959] ; ceux qui conduisent les funérailles tombent sans vie à côté de ceux qu'ils portent. On voit aussi des malheureux jeter leurs morts sur des bûchers allumés pour d'autres [1960] ; on se dispute la flamme funéraire, le malheur étouffe tout sentiment. Les restes sacrés des morts ne sont point ensevelis dans des tombes séparées ; on se contente de les brûler [1961] , et encore ne les brûle-t-on pas tout entiers. La terre manque pour les sépultures, et les forêts n'ont plus assez d'arbres pour les bûchers. Ni vœux, ni soins ne peuvent adoucir la violence du mal ; les médecins succombent, et le malade entraîne avec lui celui qui devrait le guérir. Prosterné au pied des autels, j'étends des mains suppliantes, pour demander qu'une mort prompte me fasse devancer la ruine de ma patrie, et m'épargne le malheur de périr le dernier, après avoir suivi le convoi de tout mon peuple. Dieux cruels ! destins impitoyables ! à moi seulement vous refusez la mort, si active à frapper tout autour de moi. Fuis donc, malheureux, ce royaume infecté par tes mains coupables ; dérobe-toi à ces larmes, à ces funérailles, à cet air empoisonné que tu portes partout sur tes pas. Fuis, hâte-toi de fuir, quand tu devrais ne trouver d'asile qu'auprès de tes parents.

JOCASTE.

Pourquoi, cher époux, aggraver nos malheurs par ces plaintes ? Il me semble qu'il est d'un roi de savoir supporter les disgrâces ; et que, plus un état est faible et chancelant, plus le souverain doit s'affermir lui-même et faire effort pour en soutenir l'édifice ébranlé. Il n'est pas digne d'un homme de tourner le dos à la fortune ennemie.

ŒDIPE.

Je ne mérite pas ce reproche honteux de lâcheté ; la crainte n'a point d'entrée dans mon cœur. Je soutiendrais sans pâlir le choc des armes et toute l'horreur des batailles ; je me sens de force à marcher à la rencontre des Titans furieux. Ai-je reculé devant le Sphinx [1962] , quand il me proposa son énigme obscure ? non, j'ai vu d'un œil assuré sa gueule sanglante, et le sol blanchi des ossements de ceux qu'il avait dévorés. Et au moment où, du haut de son rocher, il agitait ses ailes [1963] pour s'abattre sur sa proie, et, comme un lion en furie, s'excitait lui-même en frappant ses flancs de sa queue, je lui demandai ses vers énigmatiques : il les prononça d'une voix terrible, ses dents claquaient l'une contre l'autre ; et, dans son impatience, il creusait le rocher de ses griffes cruelles. Et, pourtant, je sus démêler le sens obscur de son énigme [1964] , et trancher le nœud de ses paroles mystérieuses.

JOCASTE.

Pourquoi donc maintenant adresser à la mort des vœux tardifs et insensés ? Vous pouviez mourir alors ; mais aujourd'hui le sceptre est la récompense de votre courage, et le prix de votre victoire sur le Sphinx.

ŒDIPE.

C'est la cendre de ce monstre perfide qui s'acharne contre nous ; oui, c'est elle : c'est le Sphinx mort qui nous tue. L'unique voie de salut [1965] qui nous reste, c'est qu'Apollon nous indique un remède à nos maux.

Scène II

LE CHŒUR

Vous périssez, généreux enfants de Cadmus, et votre ville toute entière ; la malheureuse Thèbes voit ses campagnes désertes d'habitants. Divin Bacchus, la mort moissonne ce peuple de guerriers [1966] qui te suivirent jusqu'aux extrémités de l'Inde, osèrent pénétrer dans les plaines de l'Aurore et planter tes étendards victorieux, sur le berceau du monde. Ils ont vu, sous ta conduite, les forêts embaumées de l'Arabie Heureuse ; ils ont affronté les flèches perfides que lance le Parthe, si redoutable dans sa fuite ; ils ont abordé aux rivages de la mer Rouge, et parcouru ces climats où le soleil darde ses premiers feux, et noircit les Indiens nus, trop voisins de son lit enflammé.

Enfants d'une race invincible, nous périssons [1967] ; une destinée fatale nous entraîne. Chaque instant voit un nouveau triomphe de la mort ; une longue file s'avance vers le séjour des mânes, le cortège lugubre s'embarrasse, et nos sept portes ne suffisent plus au passage de cette foule qui s'achemine vers les tombeaux : les cadavres s'amassent, et les convois funèbres se pressent les uns les autres.

Ce sont les troupeaux qui ont senti les premières atteintes [1968] ; l'agneau malade a dédaigné l'herbe des gras pâturages. Au moment où le sacrificateur [1969] allait immoler la victime, lorsque, la main haute, il s'apprêtait à frapper un coup sûr, le taureau aux cornes dorées tombe sans vie, sa tête, s'ouvre sous le poids de la hache ; mais aucun sang ne coule sur le fer sacré, et il ne sort de la blessure qu'une liqueur livide et noirâtre. Le coursier fléchit au milieu de sa course, et renverse en tombant le cavalier qui le monte.

Les animaux abandonnés jonchent l'herbe des prairies, et le taureau languit au milieu de ses compagnons expirants. Le pasteur lui-même succombe, et voit de ses yeux mourants son troupeau dévasté. Les cerfs ne craignent plus les loups ravissants ; le lion a cessé de faire entendre son rugissement terrible, et le poil de l'ours ne se hérisse plus dans sa fureur ; le reptile, caché dans sa retraite obscure, perd l'âcreté de son poison, et meurt avec son venin figé dans ses veines. Dépouillée de sa verte chevelure, la forêt ne projette plus d'ombre sur les montagnes, les plaines ont perdu leur parure de moissons naissantes, la vigne ne courbe plus ses bras chargés des présents de Bacchus.

Tout a ressenti les atteintes du mal qui nous consume ; les noires Euménides, armées de leurs torches infernales, ont brisé les portes de l'Érèbe ; le Phlégéthon a poussé le Styx hors de son lit [1970] , et mêlé ses eaux à celles de nos fleuves. La Mort, planant sur nous, ouvre sa bouche avide, et déploie toutes ses ailes ; le nautonier qui, dans sa verte vieillesse, garde les passages du sombre fleuve, n'a plus la force de soulever ses bras, et se lasse à passer la foule innombrable des âmes qui se pressent autour de sa large barque. On dit même que le chien du Ténare a brisé sa chaîne de fer, et qu'il rôde maintenant autour de nos demeures ; on dit que des mugissements sont sortis de la terre [1971] , et qu'on a vu des spectres à figure d'homme, mais d'une taille plus qu'humaine, errer dans nos bois : on dit que deux fois la forêt de Cadmus, secouant les neiges qui la couvrent, s'est ébranlée jusque dans ses racines ; que deux fois la fontaine de Dircé a roulé du sang dans son onde, et que, dans le silence des nuits, nos chiens ont fait entendre d'affreux hurlements.

Image affreuse de la mort, plus cruelle que la mort même ! une langueur douloureuse engourdit nos membres ; une rougeur maladive colore les visages parsemés de pustules ardentes ; la vapeur d'un feu dévorant enflamme le siège de la pensée, et gonfle les joues de sang ; les yeux deviennent immobiles et tendus ; une chaleur infernale nous consume ; nos oreilles sont pleines de bruits. Un sang noir brise les veines et sort par les narines ;

une toux intérieure et, obstinée déchire nos entrailles. Alors on voit des malheureux étreindre avec force les marbres glacés ; d'autres, devenus libres par la mort de leurs gardiens, courent aux fontaines, et l'eau qu'ils boivent ne fait qu'irriter leur soif ardente. Une foule misérable se presse autour des autels, en invoquant la mort, seule faveur que les dieux ne refusent pas. Ce n'est point pour apaiser le ciel par des vœux qu'on se presse dans les temples, mais pour assouvir sa colère à force de victimes.

Mais qui s'avance à pas précipités vers le palais ? n'est-ce pas le noble et vaillant Créon [1972] ? ou suis-je abusé par une illusion de mon esprit malade ? Non, c'est en effet Créon, que nos vœux impatients appellent à grands cris.

Acte Second

Scène I

[1973]

ŒDIPE, CRÉON.

ŒDIPE.

Je frémis d'horreur, dans l'attente de ce qui doit arriver, et mon esprit succombe sous une lutte de pressentiments contraires. Quand l'espérance et la crainte s'entremêlent ainsi, l'homme irrésolu tremble d'apprendre ce qu'il désire le plus savoir. Frère de mon épouse, si vous apportez quelque soulagement à nos maux, hâtez-vous de m'en instruire.

CRÉON.

La réponse de l'oracle est obscure [1974] et présente un sens douteux.

ŒDIPE.

Ne donner aux malheureux que des chances douteuses de salut, c'est ne pas vouloir les sauver.

CRÉON.

Le dieu de Delphes ne manque jamais de voiler ainsi le sens de ses oracles.

ŒDIPE.

Quelle que soit l'obscurité de sa réponse, apprenez-la moi : c'est à Œdipe seul qu'il appartient d'expliquer les énigmes.

CRÉON.

Apollon veut que le meurtre du roi s'expie par l'exil du meurtrier ; il vous ordonne de venger la mort de Laïus. Ce n'est qu'à ce prix que la pureté du jour et la salubrité de l'air nous seront rendues.

ŒDIPE.

Et quel fut l'assassin de ce grand roi ? quel est celui que nomme le dieu ? parlez, et il sera puni.

CRÉON.

Promettez-moi, je vous prie, d'écouter sans colère le récit affreux de ce que j'ai vu et entendu. J'en suis encore tout tremblant d'effroi, et mon sang demeure glacé dans mes veines. Dès que mes pieds eurent franchi le seuil du sanctuaire [1975] , et que j'eus, selon l'usage, élevé mes mains suppliantes, en invoquant le dieu, les deux cimes neigeuses du Parnasse firent entendre un bruit terrible, le laurier sacré qui ombrage le temple s'ébranla et le temple même avec lui, et l'eau sainte de la fontaine de Castalie cessa de couler. La prêtresse alors commence à secouer d'une manière effrayante sa chevelure en désordre, et à se débattre contre le dieu qui l'obsède. A peine s'est-elle approchée de l'antre fatidique, qu'une voix plus qu'humaine éclate et fait entendre cette réponse :
« La pureté de l'air sera rendue aux Thébains quand l'étranger coupable du meurtre de Laïus, et connu d'Apollon depuis son enfance, aura quitté les lieux qu'arrosent les eaux de Dircé, tributaires de l'Ismène. Il ne jouira pas longtemps du fruit de son crime ; il se fera la guerre à lui-même, et léguera la

guerre à ses enfants [1976], tristes rejetons d'un fils rentré dans le sein de sa mère. »

ŒDIPE.

La vengeance que les dieux m'ordonnent d'exercer aujourd'hui aurait dû suivre immédiatement la mort de Laïus, pour mettre la sainte majesté du trône à l'abri de pareils attentats. C'est aux rois surtout qu'il appartient de défendre et de venger les rois. Le sujet ne s'intéresse guère à la mort du maître qu'il craignait pendant sa vie.

CRÉON.

La terreur qui nous assiégeait alors ne nous permit pas de punir le meurtrier [1977].

ŒDIPE.

Quelle crainte a pu vous empêcher d'accomplir ce pieux devoir ?

CRÉON.

Celle du Sphinx et de son énigme funeste.

ŒDIPE.

Aujourd'hui le ciel parle, il faut expier ce crime. Vous tous, dieux, qui abaissez sur ce monde des regards favorables, puissant maître de l'Olympe, et toi le plus bel ornement de la voûte céleste, soleil, qui parcours successivement les douze stations de ta route, entraînant après toi dans ta course rapide les tardives générations des siècles ; et toi, Phébé, pâle voyageuse des nuits, qui toujours marches à la rencontre de ton frère ; roi des vents, qui conduis ton char azuré sur les mers profondes ; et toi aussi, dominateur du sombre empire, écoutez ma prière : « Puisse l'assassin de Laïus [1978] ne trouver sur la terre ni repos, ni asile, ni demeure hospitalière ! Que son hymen soit infâme, ses enfants dénaturés ! qu'il devienne le meurtrier de son propre père ! qu'il commette enfin, et c'est la plus terrible imprécation que je puisse former contre lui, qu'il commette tous les crimes que j'ai eu le bonheur d'éviter ! Pour lui, point de pardon, j'en jure par le sceptre que je porte ici comme étranger, par le sceptre auquel j'ai renoncé dans ma patrie ; j'en jure par mes dieux domestiques, et par toi, Neptune, père de toutes choses, dont les flots baignent mollement les deux rives de ma terre natale. Je te prends aussi à témoin de mes serments, dieu des oracles, qui mets l'avenir sur les lèvres de la prêtresse de Cyrrha [1979] . Puisse mon père, toujours tranquille et heureux sur le trône, n'arriver à sa dernière heure qu'après la plus douce vieillesse ! puisse ma mère ne connaître jamais d'autre époux que Polybe, comme il est vrai que le meurtrier de Laïus ne trouvera jamais grâce devant mes yeux. » Mais dites-moi dans quel lieu ce crime abominable a été commis. Est-ce dans un combat que Laïus a perdu la vie, ou dans une embuscade ?

CRÉON.

Laïus était parti pour se rendre au bois épais qu'arrose la fontaine de Castalie ; il eut à traverser un sentier étroit et hérissé d'épines, à l'endroit où le chemin se partage en trois routes [1980] . L'une conduit aux vignes fécondes de la Phocide, au-dessus desquelles s'élèvent, par une pente insensible, les deux cimes du Parnasse ; une autre mène à la ville de Sisyphe [1981] , bâtie entre deux mers, vers les champs d'Olène [1982] ; la troisième enfin serpente au fond d'une profonde vallée, et suit dans leurs détours les fraîches eaux de l'Hissus. C'est là que le roi, qui voyageait sans armes, fut assailli tout à coup par une troupe de brigands qui le tuèrent sans témoins dans ces lieux écartés. Mais voici le vieux Tirésias qui, par l'inspiration du dieu des oracles, s'avance vers nous à pas lents et mal assurés ; sa fille Manto l'accompagne et sert de guide à son père aveugle.

Scène II

OEDIPE, TIRÉSIAS, CRÉON, MANTO.

ŒDIPE.

Prêtre des dieux, toi qui ne le cèdes qu'au dieu des oracles [1983] dans la science de l'avenir, dis-nous sa réponse : quel est le coupable qu'il faut punir ?

TIRÉSIAS.

Si ma bouche tarde à s'ouvrir, si ma langue hésite à parler, n'en soyez point surpris, magnanime Œdipe ! la privation de la vue me dérobe une grande partie de la vérité ; mais l'intérêt de mon pays parle, Apollon m'appelle, il faut obéir, il faut interroger les entrailles des victimes [1984] . Si mon sang avait encore la chaleur et la pureté de la jeunesse, le dieu lui-même descendrait dans mon sein. Approchez des autels un taureau blanc dont la tête n'ait jamais ployé sous le joug. Toi, ma fille, sers de guide à ton père aveugle, et fais-moi connaître les signes qu'offrira ce sacrifice qui doit nous découvrir le secret du destin.

MANTO.

La blanche victime que vous demandez est au pied
de l'autel.

TIRÉSIAS.

Adresse aux dieux de solennelles prières, et fais
brûler sur l'autel un pur encens [1985] .

MANTO.

J'en ai déjà rempli le brasier divin.

TIRÉSIAS.

Et la flamme ? a-t-elle consumé les viandes sacrées
?

MANTO.

Non, ce n'a été qu'une lueur soudaine qui s'est
éteinte au même instant.

TIRÉSIAS.

A-t-elle au moins été claire et brillante [1986] ? a-t-elle monté vers le ciel en colonne droite et pure, dont le sommet s'est perdu dans les airs ? ou bien la vois-tu serpenter autour de l'autel, faible, terne, et obscurcie par des flots de fumée ?

MANTO.

Cette flamme offre un aspect changeant et divers, comme les couleurs de l'arc-en-ciel qui, largement déployé dans l'étendue, annonce la pluie par les nuances variées dont il se colore. Il est impossible de déterminer chacune de ses teintes successives. D'abord, elle était bleuâtre et parsemée de taches brunes, puis couleur de sang, puis noire en s'éteignant. Mais la voici maintenant qui se partage [1987] en deux flammes rivales, et la cendre d'un même sacrifice, en guerre avec elle-même, se divise. O mon père ! je frémis de ce que je vois : le vin répandu se change en sang, et une épaisse fumée enveloppe la tête du roi ; une fumée plus épaisse encore se répand autour de son visage même, et couvre d'un sombre nuage cette lumière ténébreuse. Quel est ce présage, ô mon père ! dites-nous-le ?

TIRÉSIAS.

Puis-je parler dans le trouble qui m'agite, et dans le désordre de mes esprits ? Que dirai-je ? ce sont d'affreux malheurs, mais un voile épais les couvre encore. Le courroux des dieux s'annonce d'ordinaire par des signes certains. Quel est donc ce mystère qu'ils veulent me révéler, et qu'ils dérobent ensuite à mes regards ? Pourquoi me cachent-ils le secret de leur colère ? on dirait que la honte les arrête [1988] . Prends vite les fruits salés, jette-les sur la tête des victimes. S'approchent-elles sans résistance de l'autel, et souffrent-elles patiemment la main qui les touche ?

MANTO.

Le taureau a levé sa tête ; tourné vers l'orient, il a peur du jour, il se détourne et fuit le regard du soleil et sa vive lumière.

TIRÉSIAS.

Les deux victimes sont-elles tombées sous le premier coup [1989] ?

MANTO.

La génisse est venue d'elle-même s'offrir au couteau sacré ; une seule blessure a suffi pour l'abattre. Mais le taureau, déjà frappé deux fois, s'agite en tout sens, et la vie ne s'échappe qu'avec peine de son corps épuisé par la résistance.

TIRÉSIAS.

Le sang s'échappe-t-il de la blessure étroite en jets rapides, ou s'il ne tombe que lentement et goutte à goutte des autres blessures plus larges ?

MANTO.

Par l'ouverture faite à la poitrine, il sort comme un fleuve débordé ; par les autres bouches plus larges, ce n'est qu'une pluie légère. Mais voilà qu'il se refoule vers la tête et s'échappe en abondance par les yeux.

TIRÉSIAS.

Je suis épouvanté de ces funestes présages. Mais, dis-moi, quels signes certains remarques-tu dans les entrailles ?

MANTO.

O mon père ! quel est ce phénomène ? au lieu de palpiter doucement comme cela se voit toujours, elles bondissent violemment sous la main qui les touche, et un sang nouveau ruisselle par les veines. Le cœur malade s'affaisse et reste enfoncé dans la poitrine ; les veines sont livides, et une grande partie des fibres a disparu ; du foie corrompu sort un fiel noir et écumant ; et, ce qui est un présage toujours fatal aux monarchies, ce foie présente deux têtes pareilles. Une membrane légère, et qui ne peut cacher longtemps les secrets qu'elle nous dérobe encore, enveloppe ces deux têtes. La partie hostile des entrailles [1990] se gonfle avec violence, et les sept veines qu'elle porte sont tendues ; une ligne oblique [1991] les coupe toutes par derrière et les empêche de se rejoindre. L'ordre naturel est troublé, rien n'est à sa place, tout est interverti. Le poumon, plein de sang au lieu de l'air qui devrait le remplir, n'est point à droite ; le cœur n'est point à gauche ; la membrane destinée à recouvrir les entrailles ne les enferme point dans la molle épaisseur de ses tissus. Dans la génisse, les parties naturelles sont en désordre, toutes les lois de l'utérus sont violées. Tâchons de savoir d'où vient ce gonflement extraordinaire des entrailles. O prodige épouvantable ! la génisse a conçu, et le fruit qu'elle porte n'est point à sa place ; il remue ses membres en gémissant, et ses articulations débiles s'agitent vainement pour s'affranchir. Un sang livide a noirci les fibres ; la victime horriblement mutilée fait effort pour se précipiter ; ce cadavre informe et vide se dresse pour frapper de ses cornes les ministres sacrés. Les entrailles s'échappent de leurs mains. Cette voix que vous entendez, ô mon père, n'est point la forte voix des bêtes mugissantes, ni le cri des troupeaux effrayés ; c'est la flamme qui gronde sur l'autel, c'est du brasier divin que s'échappent ces lugubres sons.

ŒDIPE.

Dis-moi ce que signifient ces phénomènes terribles. Je l'apprendrai sans pâlir ; l'excès même des maux rend à l'âme toute sa tranquillité.

TIRÉSIAS.

Vous allez regretter le malheur dont vous cherchez à vous délivrer.

ŒDIPE.

Apprends-moi la seule chose que les dieux m'ordonnent de savoir ; quel est celui qui a souillé ses mains du meurtre de Laïus ?

TIRÉSIAS.

Ni l'oiseau qui s'élève dans l'air sur des ailes rapides, ni les fibres arrachées des entrailles vivantes ne peuvent nous révéler son nom. Il faut tenter une autre voie ; il faut évoquer, du sein de la nuit éternelle et du profond Érèbe, Laïus lui-même, pour qu'il nous dénonce l'auteur de sa mort ; il faut ouvrir la terre, fléchir l'implacable dieu des morts, et traîner à la lumière les habitants du sombre royaume. Dites-nous quel est celui que vous chargez de ce soin ; car, pour vous, la puissance royale dont vous êtes revêtu ne vous permet pas de descendre chez les Ombres [1992] .

ŒDIPE.

Acquittez-vous de ce devoir, Créon, vous êtes après, moi le premier de ce royaume.

TIRÉSIAS.

Tandis que nous allons ouvrir les portes de l'enfer, vous, peuple, faites entendre l'hymne thébain à la gloire de Bacchus [1993] .

Scène III

LE CHŒUR

O toi, dont la tête se couronne de pampres entrelacés dans tes cheveux flottants, et qui balances dans tes jeunes mains les thyrses de Nysa [1994] , glorieux ornement du ciel, divin Bacchus, écoute les vœux que Thèbes, ta noble patrie, t'adresse aujourd'hui d'une voix suppliante. Tourne vers nous ta belle tête virginale ; qu'un regard de tes yeux brillants dissipe les nuages qui nous couvrent, les menaces de l'enfer, et la mort dévorante. Les fleurs du printemps qui se jouent dans ta chevelure, le bandeau syrien qui ceint ton front, le lierre qui le couronne, tes cheveux flottants ou noués sur la tête, tout relève l'éclat de ta beauté.

Jadis, craignant la colère d'une marâtre jalouse [1995] , tu déguisas ton sexe, tu pris le vêtement d'une vierge blonde, et ses riches habits, et sa voluptueuse ceinture. Depuis lors, tu t'es plu à conserver cette parure enchanteresse, et la robe flottante aux larges plis, qui descendaient sur les lions attelés à ton char superbe, quand tu parcourais en vainqueur les vastes plaines de l'Aurore, et les peuples du Gange, et ceux qui boivent les froides eaux de l'Araxe.

Le vieux Silène te suit sur sa joyeuse monture, la tête pesante et couronnée de pampres ; les prêtres de ton culte célèbrent en dansant les mystiques orgies. La troupe des Bassarides, qui t'accompagne, ébranle, du bruit de ses pas, tantôt la cime solitaire du Pangée, tantôt le sommet du Pinde ; la Ménade furieuse, revêtue de la peau de l'animal qui t'est consacré, vint, sur les pas du Bacchus Thébain [1996] , se mêler aux filles de Cadmus. Embrasées de ton feu divin [1997] , elles accourent échevelées, brandissant leurs thyrses redoutables, et ce n'est qu'après avoir mis en pièces le corps de Penthée, que, leur fureur venant à se calmer, les Thyades reconnaissent leur crime.

La sœur de ta mère, ô Bacchus, règne sur les mers profondes ; la belle Ino, fille de Cadmus, tient sa cour au milieu des blanches Néréides. Son fils, reçu dans les flots, les soumet à son empire ; c'est Palémon [1998] , dieu puissant et parent de notre dieu.

Quand des pirates de la mer Tyrrhénienne t'enlevèrent, Neptune enchaîna ses flots, et changea la mer en une riante prairie. Là s'élevaient le platane au vert feuillage, et le laurier chéri d'Apollon ; les oiseaux chantaient dans l'épaisseur des bois. Les rames étaient devenues des arbres que le lierre enlaçait de ses bras flexibles, et une vigne serpentait jusqu'au plus haut des mâts. Le lion de l'Ida rugissait à la proue, et le tigre du Gange était assis à la poupe. A cette vue, les pirates effrayés se jettent à la mer, où ils prennent, à l'instant même, une forme nouvelle : l'extrémité de leurs bras se détache, leur poitrine s'affaisse et se perd dans la partie inférieure ; de courtes mains s'attachent à leurs flancs ; leurs épaules se courbent sous les vagues, et leurs queues échancrées sillonnent la mer. Devenus dauphins, ils poursuivent encore les vaisseaux dans leur fuite rapide. Le fleuve de Lydie, le riche Pactole qui roule de l'or dans son cours, t'a porté sur ses ondes. A ta vue, le Massagète, qui rougit son lait du sang de ses chevaux, s'est avoué vaincu ; il a détendu son arc, et jeté ses flèches homicides. Le royaume du violent Lycurgue [1999] a senti les effets de la puissance de Bacchus ; les Daces cruels se sont inclinés devant lui, ainsi que les peuples nomades exposés de plus près au souffle de Borée, et les nations qui habitent les bords glacés des Palus-Méotides, et celles que l'astre de l'Arcadie et le double Chariot [2000] éclairent de leurs feux verticaux. Il a dompté les Gelons errants, et désarmé les cruelles Amazones : vaincues et suppliantes, les vierges guerrières du Thermodon se sont prosternées devant lui, et, quittant leurs flèches légères, ont pris, dans leurs mains, le thyrse des Bacchantes.

C'est toi, dieu puissant, qui as rougi du sang thébain les sommets sacrés du Cithéron ; c'est toi qui as fait courir à travers les bois les filles de Prétus [2001] , méritant aussi que tes autels s'élevassent dans Argos, à côté de ceux de la marâtre. Naxos, que la mer Égée entoure d'une humide ceinture, t'offrit pour épouse une vierge délaissée [2002] , qui trouva ainsi, dans son malheur, les consolations d'un amour plus fidèle. D'une roche aride, tu fais jaillir la source de Nyctélie : ses flots murmurants se répandent sur les gazons, et versent leurs sucs nourriciers dans le sein de la terre, d'où sortent des fontaines d'un lait pur, les vignes de Lesbos, et le thym parfumé. La nouvelle épouse est conduite en pompe dans les parvis célestes ; et c'est Apollon, le dieu à la chevelure flottante, qui fait entendre le chant solennel de ce grand hyménée. Les deux Amours agitent leurs flambeaux [2003] ; Jupiter oublie ses carreaux enflammés, et laisse reposer la foudre, à l'approche de Bacchus [2004] .

Tant que les astres brillants du monde fourniront dans l'espace leur course accoutumée, tant que l'Océan baignera de ses flots la terre qu'il environne, tant que la lune renouvellera ses croissants, tant que l'étoile du matin continuera d'annoncer le retour de la lumière, tant que l'Ourse du pôle ne se plongera point dans les eaux bleues de la mer, nous ne cesserons jamais d'offrir nos hommages au noble fils de Sémélé.

Acte Troisième

Scène I

ŒDIPE, CRÉON.

ŒDIPE.

Quoique votre visage m'annonce une révélation funeste, parlez ; dites-moi quelle tête il faut frapper pour apaiser les dieux.

CRÉON.

Ce que vous me demandez, la crainte m'empêche de vous le dire.

ŒDIPE.

Si le malheur de Thèbes ne vous touche pas, pensez du moins à ce sceptre qui échappe à votre famille.

CRÉON.

Vous souhaiteriez bientôt d'ignorer ce que vous êtes maintenant si impatient de savoir.

ŒDIPE.

L'ignorance ne guérit point les maux ; prétendez-vous me faire un mystère de ce qui doit sauver ce pays ?

CRÉON.

Quand le remède est si affreux, il est cruel de guérir.

ŒDIPE.

Dites ce que vous savez, ou vous allez apprendre dans les tourments ce que peut le courroux d'un roi.

CRÉON.

Trop souvent les rois s'irritent d'une parole qu'ils ont eux-mêmes provoquée.

ŒDIPE.

Votre tête coupable paiera pour tous, si vous ne me révélez à l'instant les mystères de ce sacrifice.

CRÉON.

Permettez-moi de me taire : c'est la moindre liberté qu'on puisse demander à un roi.

ŒDIPE.

Une liberté muette est souvent plus fatale aux rois et à leurs sujets, qu'une vérité hardie.

CRÉON.

S'il n'est pas permis de se taire, quel bien reste-t-il à l'homme ?

ŒDIPE.

C'est trahir son roi, que de ne parler quand il l'ordonne.

CRÉON.

Je vous obéis malgré moi ; écoutez, du moins, sans colère.

ŒDIPE.

A-t-on jamais puni des paroles arrachées par violence ?

CRÉON.

A quelque distance de la ville, s'élève une épaisse forêt d'yeuses, près de la vallée qu'arrosent les eaux de Dircé. On y voit de noirs cyprès, qui, s'élevant de la profondeur de ce bois, le dominent de leur tête superbe, et le couvrent de leur éternelle verdure, et un vieux chêne aux rameaux inclinés, et consumés par le temps ; les siècles rongeurs ont ouvert son flanc, ses racines épuisées ne le soutiennent plus, et des troncs étrangers lui servent d'appui. Là, croissent aussi le laurier aux fruits amers, le tilleul au bois léger, le myrte de Paphos, l'aune, destiné à armer les bras des rameurs qui fendent les vastes mers, et les pins, dont les troncs droits et unis forment un rempart contre le soleil et les vents.

Au milieu s'élève ce vieux chêne, qui presse de son ombre immense la forêt qu'il domine, et seul, par l'étendue de ses rameaux, la couvre tout entière. Au-dessous, dort une eau stagnante, privée de lumière et de soleil, et éternellement glacée ; un marais bourbeux s'étend à l'entour.

A peine arrivé, le vieillard commence, à l'instant même, son noir sacrifice [2005] , trouvant, dans l'obscurité du lieu, la nuit dont il a besoin. Il creuse la terre et y jette des flammes retirées d'un bûcher ; lui-même se couvre d'un vêtement lugubre, et se frappe le front. Sa robe funèbre traîne jusqu'à ses pieds ; il s'avance tristement dans cet appareil affreux. L'if des tombeaux couronne ses cheveux blancs. On traîne par derrière des brebis et des vaches noires ; la flamme dévore les viandes sacrées, et les victimes vivantes s'agitent au milieu de la flamme qui les dévore.

Alors il appelle les Mânes et le dieu qui les tient sous son empire, et celui qui garde les barrières du fleuve des morts. Puis, il prononce à voix basse des paroles magiques, et, d'une voix plus terrible, récite les chants mystérieux qui servent à apaiser ou à évoquer les ombres légères. Il arrose de sang les flammes sacrées, brûle des victimes entières, et remplit l'antre de carnage. Il verse encore de blanches libations de lait, répand, de la main gauche, la liqueur de Bacchus, recommence ses chants funèbres, et, regardant fixement la terre, appelle les Mânes d'une voix plus forte et plus émue.

La meute infernale répond à cet appel ; le vallon retentit trois fois ; le sol, ébranlé, tremble sous nos pas. « On m'a entendu, s'écrie le devin ; mes paroles ont produit leur effet ; les portes de l'obscur chaos sont forcées, et le peuple des morts va monter sur la terre des vivants. » Le bois tout entier s'incline, et les rameaux des arbres se dressent ; les chênes se fendent ; la forêt, comme saisie d'horreur, s'agite et frissonne. La terre se retire en arrière, et fait entendre un sourd gémissement, soit que l'Achéron s'indigne qu'on ose sonder l'abîme de sa nuit profonde, soit que le sein de la terre elle-même se brise avec fracas pour livrer passage aux morts, soit enfin que le Chien aux trois têtes secoue avec fureur ses chaînes retentissantes. Tout à coup la terre s'entrouvre et nous présente une bouche immense. Moi-même alors j'ai vu les pâles Divinités au milieu des Ombres ; j'ai vu le Fleuve aux eaux dormantes, et la véritable Nuit [2006] . Mon sang se glace et se fige dans mes veines. Les cruelles Furies s'élancent, et tous ces frères belliqueux, nés des dents du serpent de Dircé, accourent en armes, ainsi que le monstre fatal qui consumait les enfants de Cadmus.

J'entends venir avec fracas la farouche Érinnys, la Fureur aveugle, l'Horreur, et tous les monstres que la Nuit éternelle engendre et cache dans son sein ; le Deuil, qui s'arrache les cheveux ; la Maladie, qui soutient à peine sa tête pesante ; la Vieillesse, insupportable à elle-même ; et la Crainte, qui voit un abîme à ses pieds.

Le cœur nous manque alors. Manto elle-même, toute savante qu'elle est dans l'art et les sortilèges de son père, se sent frappée d'effroi ; mais l'intrépide vieillard, à qui la perte de la vue laisse plus de force, appelle à grands cris les pâles habitants du sombre empire : ils accourent à sa voix comme de légers nuages, et se plaisent à respirer l'air des vivants, plus nombreux que les feuilles qui tombent sur l'Éryx à l'automne, ou que les fleurs qui couvrent, au printemps, les sommets d'Hybla, quand les essaims viennent s'y abattre en masses profondes ; moins de flots se brisent aux rivages de la mer Ionienne, moins d'oiseaux fuient les bords glacés du Strymon pour échapper aux frimas, et traversent le ciel pour échanger les neiges de l'Ourse contre les tièdes rivages du Nil, que la voix du vieux devin ne fît apparaître d'ombres. Éblouies par le jour, toutes ces âmes vont se cacher en tremblant dans les retraites les plus sombres de la forêt.

Le premier qui s'élève du sein de la terre est Zéthus [2007], dont la main droite presse la corne d'un taureau furieux ; puis Amphion tenant dans sa main gauche la lyre harmonieuse qui force les rochers à le suivre. Au milieu de ses enfants, qu'on ne peut plus lui ravir, la superbe fille de Tantale [2008] s'avance fièrement dans son orgueil maternel, et compte impunément ses fils et ses filles. Après elle, vient Agave, mère furieuse et dénaturée, suivie de la foule cruelle qui mit en pièces un de nos rois : le malheureux qu'elles ont déchiré marche sur leurs pas, et conserve encore l'aspect rigide et menaçant qu'il eut pendant sa vie.

Enfin, après des évocations réitérées, une ombre sort, le front voilé de honte : elle s'écarte de la foule et cherche à se cacher ; mais le vieux prêtre insiste, redouble ses conjurations infernales, et la force de se découvrir : c'est Laïus. Ce que j'ai à dire m'épouvante. Il se dresse devant moi, tout sanglant et les cheveux souillés d'une affreuse poussière ; il ouvre la bouche avec colère et dit : « O famille de Cadmus, toujours cruelle, et toujours altérée de ton propre sang ! arme-toi plutôt du thyrse homicide, et déchire les membres de tes enfants, dans la fureur de Bacchus. Le plus grand crime de Thèbes, c'est l'amour d'une mère pour son fils ! O ma patrie ! ce n'est point le courroux des dieux, c'est un forfait qui te perd. Ce n'est point le souffle empoisonné de l'Auster, ni la sécheresse de la terre, dont la pluie du ciel ne vient plus tempérer l'ardeur brûlante, que tu dois accuser de tes malheurs ; mais c'est ce roi couvert de sang, qui a reçu, pour prix d'un meurtre abominable, le sceptre et l'épouse de son père ; enfant dénaturé (mais moins encore que sa mère, deux fois malheureuse ; par sa fécondité), qui, remontant aux sources de son Être, a fait rentrer la vie dans les entrailles qui l'ont porté, et, par un crime qui n'a pas d'exemple parmi les animaux, s'est engendré à lui-même des sœurs et des frères, assemblage monstrueux, et plus incompréhensible que le Sphinx, qu'il a vaincu ! O toi qui portes le sceptre d'une main sanglante, moi ton père, je poursuivrai contre ta ville et contre toi la vengeance qui m'est due. J'amènerai les Furies pour présider à ton hymen, elles viendront avec leurs fouets retentissants. Je détruirai ta famille incestueuse ; j'écraserai ton palais sous le poids d'une guerre impie. Hâtez-vous de chasser du trône et de votre pays ce roi maudit. Toute terre dont il aura retiré son pied funeste se couvrira de fleurs et de verdure, au retour du printemps ; l'air deviendra pur ; les bois retrouveront la beauté de leur feuillage ; la mort, la peste, la destruction, la maladie, la corruption, la douleur, digne cortège qui l'accompagne, disparaîtront avec lui. Lui-même voudra précipiter sa fuite ; mais je saurai bien semer des obstacles sur sa route et le retenir. On le verra se traîner à pas lents, incertain de sa voie, et chercher tristement son chemin avec un bâton, comme un vieillard. Ôtez-lui la terre, et moi, son père, je lui ravirai le ciel. [2009]

ŒDIPE.

La terreur a glacé mes sens. Tout ce que je craignais de faire, on m'accuse de l'avoir fait ! et pourtant Mérope, toujours unie à Polybe, m'absout de cet hymen incestueux ; Polybe vivant me justifie du parricide qui m'est imputé. Contre l'inceste et le meurtre, j'ai, dans mon père et dans ma mère, un double témoignage. De quoi pourrait-on, encore m'accuser ? Thèbes pleurait la mort de Laïus longtemps avant que mes pieds eussent touché le sol de la Béotie. Le vieillard s'est-il trompé ? ou quelque dieu veut-il accabler cette ville d'un nouveau malheur ? Non, non ; je découvre les complices d'une adroite machination [2010] . C'est une calomnie du vieux prêtre, qui fait mentir les dieux, pour faire passer mon sceptre dans vos mains, à vous, Créon.

CRÉON.

Se peut-il que je pense à détrôner ma sœur ? Quand même la foi qui me lie à ma famille ne suffirait pas pour me retenir dans les bornes de ma position présente, j'aurais à craindre, au moins, les dangers d'une élévation pleine de soucis et d'alarmes. Croyez-moi, c'est à vous de déposer volontairement, tandis que vous le pouvez encore sans péril, un fardeau qui bientôt vous accablerait. Un rang moins élevé sera pour vous un plus sûr asile.

ŒDIPE.

Quoi ! vous allez jusqu'à m'inviter à déposer le sceptre, comme trop pesant pour mon bras !

CRÉON.

C'est un conseil que je donnerais à des rois qui seraient libres de rester sur le trône ou d'en descendre ; mais, pour vous, il vous faut subir les nécessités de votre fortune.

ŒDIPE.

Louer la médiocrité, vanter les douceurs du repos et d'une vie oisive, telle est la marche ordinaire d'un ambitieux qui veut régner. Ce calme apparent n'est presque jamais que le masque d'un esprit inquiet.

CRÉON.

Ma longue fidélité ne répond-elle pas suffisamment à de tels reproches ?

ŒDIPE.

La fidélité n'est pour les perfides qu'un instrument de leurs mauvais desseins.

CRÉON.

Sans porter le poids de la royauté, ma position me fait jouir de tous les avantages de ce rang suprême ; mes concitoyens s'empressent dans mon palais ; proche parent de ceux qui gouvernent, il ne se lève pas un seul jour sans que leurs dons enrichissent ma demeure. Meubles somptueux, table opulente, grâces obtenues par mon crédit, que puis-je désirer encore après tant de biens, et que manque-t-il à mon bonheur ?

ŒDIPE.

Ce que vous n'avez pas. L'homme ne peut se borner tant qu'il n'est qu'au second rang.

CRÉON.

Ainsi, vous me condamnez comme coupable, sans avoir examiné ma cause.

ŒDIPE.

Et moi-même, vous ai-je rendu compte de ma vie ? Tirésias a-t-il examiné ma cause ? et pourtant il me déclare coupable. C'est un exemple que vous me donnez ; je veux le suivre ?

CRÉON.

Et si je suis innocent ?

ŒDIPE.

Pour les rois, un soupçon vaut une certitude.

CRÉON.

S'effrayer ainsi sans sujet, c'est mériter de courir un danger réel.

ŒDIPE.

Le coupable à qui l'on pardonne se défie toujours de celui qui lui a fait grâce, et ne peut que le haïr.

CRÉON.

C'est ainsi qu'on se rend odieux.

ŒDIPE.

Un roi qui craint trop la haine ne sait pas régner. La crainte est le rempart des trônes.

CRÉON.

Le roi qui ne sait gouverner qu'avec un sceptre de fer finit par redouter lui-même ceux qui le redoutent. La crainte retourne à celui qui l'inspire.

ŒDIPE.

Arrêtez ce coupable, et qu'il soit renfermé dans une tour. Je rentre dans mon palais.

Scène II

LE CHŒUR

Non, Œdipe, vous n'êtes point l'auteur de nos maux ; ce n'est point la destinée des Labdacides qui s'appesantit sur nous, mais l'éternelle vengeance des dieux irrites : depuis le jour où la forêt de Castalie a prêté son ombre hospitalière à l'étranger de Sidon [2011] , et que Dircé a baigné de son onde les pieds des navigateurs tyriens ; depuis que le fils du grand Agénor, las de chercher à travers le monde l'amoureux larcin de Jupiter [2012] , s'est reposé sous nos arbres pour rendre hommage au dieu qui avait ravi sa sœur, et que, par le conseil d'Apollon, qui lui ordonnait de suivre une vache errante, dont la lourde charrue ou le poids du chariot n'eût jamais courbé la tête, il arrêta sa course vagabonde, et appela notre contrée Béotie [2013] , du nom de cette vache fatale ; depuis ce temps, hélas ! cette malheureuse terre ne cesse de produire, chaque jour, des monstres nouveaux. Tantôt c'est un serpent énorme [2014] qui, nourri dans le creux de nos vallées, fait entendre, au niveau des plus hauts chênes, ses affreux sifflements, et dresse au-dessus des pins et des arbres de Chaonie [2015] sa tête bleuâtre, tandis que la plus grande partie de son corps se replie sur le sol ; tantôt c'est une armée de soldats furieux que la terre enfante. La trompette sonne, l'airain des combats fait entendre son cri terrible. Avant d'avoir appris à former des paroles : avant de connaître l'usage de la voix, ils s'attaquent avec des cris de guerre ; ces frères sauvages se rangent en bataille les uns contre les autres. Et cette moisson de guerriers, digne de la semence qui l'a produite, n'eut que la vie d'un jour : née avec le soleil, elle n'était déjà plus à son coucher. L'étranger de Sidon est effrayé de ce prodige, il regarde en tremblant la guerre que se livre à lui-même ce peuple à peine sorti du sol, jusqu'à ce que toute cette jeunesse furieuse ait péri, et que la terre ait reçu dans son sein la moisson terrible qu'elle venait d'enfanter. Faut-il que cette guerre cruelle soit venue jusqu'à nous, et que Thèbes, la patrie d'Hercule, ait dû connaître ces haines fraternelles.

Parlerai-je aussi de ce descendant de Cadmus, dont le front s'ombragea des rameaux du cerf aux pieds légers, et que ses propres chiens poursuivirent comme une proie ? A travers les monts et les bois, le malheureux Actéon se précipite, parcourt au hasard les défilés et les rochers avec une vitesse inconnue, redoute le vol meurtrier des flèches empennées, et fuit les toiles

que lui-même a tendues, jusqu'au moment où, près
de périr, il vit son bois et ses traits sauvages dans le
miroir de cette même fontaine où la déesse, trop
sévère à venger sa pudeur [2016] , avait baigné ses
charmes nus.

Acte Quatrième

Scène I

ŒDIPE, JOCASTE.

ŒDIPE.

Retombé dans mes premières inquiétudes, je repasse en revue toutes les raisons qui doivent me porter à craindre : le ciel et les enfers déclarent que c'est moi qui suis coupable du meurtre de Laïus ; mais ma conscience révoltée [2017] , et mieux connue d'elle-même que des dieux, proteste contre l'arrêt qui me condamne. Il me revient, cependant, un vague souvenir [2018] que j'ai tué d'un coup de massue et fait descendre chez les morts un vieillard qui avait provoqué ma colère de jeune homme, en voulant me fermer la route avec son char orgueilleux. C'était loin de Thèbes, au lieu même où les champs de la Phocide se partagent en trois routes. O ma chère épouse ! tirez-moi d'incertitude, je vous en conjure : quel âge avait Laïus quand il mourut ? était-il dans la force de la jeunesse, ou déjà vaincu par les années ?

JOCASTE.

Il était entre les deux âges, mais cependant plus près de la vieillesse.

ŒDIPE.

Avait-il à ses côtés un cortège nombreux [2019] ?

JOCASTE.

La plupart de ses gardes s'étaient égarés dans les détours de la route, et il n'avait qu'un petit nombre de serviteurs fidèles autour de son char.

ŒDIPE.

Quelqu'un d'entre eux est-il mort à côté de son roi ?

JOCASTE.

Un seul, plus courageux et plus dévoué, a partagé son destin.

ŒDIPE.

Je connais le coupable... le nombre et le lieu s'accordent. Mais dites-moi le temps.

JOCASTE.

Dix ans se sont écoulés depuis ce jour.

Scène II

LE VIEILLARD.

Le peuple de Corinthe vous appelle au trône de votre père [2020] ; Polybe est entré dans l'éternel repos [2021] .

ŒDIPE.

Comme de tous côtés la Fortune cruelle se plaît à m'accabler ! Dis-moi : comment mon père a-t-il cessé de vivre ?

LE VIEILLARD.

Il était vieux, un doux sommeil a détaché son âme de son corps.

ŒDIPE.

Ainsi, mon père est mort sans que sa vie ait été tranchée par un meurtre. Tu m'es témoin que je puis maintenant lever au ciel des mains pures, innocentes, et qui ne craignent plus de se souiller d'aucun crime. Mais la plus redoutable partie de ma destinée pèse encore sur moi.

LE VIEILLARD.

Le trône paternel qui vous attend, dissipera toutes vos craintes.

ŒDIPE.

Ce trône, je l'accepterais bien ; mais je redoute ma mère.

LE VIEILLARD.

Vous craignez la plus tendre des mères, qui soupire après votre retour ?

ŒDIPE.

C'est cette tendresse même qui me force de la fuir.

LE VIEILLARD.

Abandonnerez-vous une veuve infortunée ?

ŒDIPE.

Tu as mis la main sur ma blessure.

LE VIEILLARD.

Confiez-moi cette crainte cachée dans votre cœur ;
j'ai appris dès longtemps à garder les secrets des
rois.

ŒDIPE.

Averti par l'oracle de Delphes, je crains de devenir
l'époux de ma mère.

LE VIEILLARD.

Vous n'avez point à redouter ce honteux malheur ; chassez loin de vous ces vaines alarmes : Mérope n'est pas votre mère.

ŒDIPE.

Et quel était son but en m'adoptant pour fils ?

LE VIEILLARD.

L'orgueil du trône : les enfants resserrent la fidélité des peuples [2022] .

ŒDIPE.

Comment ces secrets de la couche nuptiale sont-ils venus à ta connaissance ?

LE VIEILLARD.

Ce sont ces mains qui, tout, enfant, vous ont remis à Polybe [2023] .

ŒDIPE.

Tu m'as remis à mon père ; mais toi, de qui me tenais-tu ?

LE VIEILLARD.

D'un pâtre qui habitait le sommet neigeux du Cythéron.

ŒDIPE.

Quel hasard t'avait conduit dans ces bois ?

LE VIEILLARD.

J'y suivais les grands troupeaux commis à ma garde.

ŒDIPE.

Maintenant dis-moi quels signes particuliers tu as trouvés sur mon corps.

LE VIEILLARD.

Vos pieds avaient été percés par un fer [2024] , et c'est à leur enflure et à leur difformité que vous devez le nom d'Œdipe.

ŒDIPE.

Mais quel est celui qui m'a remis entre tes mains ? je veux le savoir.

LE VIEILLARD.

Le chef des troupeaux du roi, celui qui avait tous les autres pasteurs sous son obéissance.

ŒDIPE.

Son nom ?

LE VIEILLARD.

Les premiers souvenirs se perdent chez les vieillards ; la rouille du temps les efface de leur mémoire affaiblie.

ŒDIPE.

Reconnaîtrais-tu les traits et le visage de cet homme ?

LE VIEILLARD.

Peut-être, car souvent l'indice le plus léger suffit pour rappeler un souvenir détruit par le temps.

ŒDIPE.

Qu'on dise aux pasteurs d'amener tous mes troupeaux dans cette enceinte sacrée et devant les autels. Allez, serviteurs fidèles, hâtez-vous d'amener ici les chefs des bergers.

LE VIEILLARD.

Quelle que soit la cause du mystère que vous voulez éclaircir, qu'il vienne des hommes ou du hasard, laissez dans l'ombre ce qui fut si longtemps caché. Souvent la vérité connue devient fatale à celui qui la découvre.

ŒDIPE.

Puis-je redouter des maux plus grands que ceux que je souffre aujourd'hui ?

LE VIEILLARD.

Sachez bien que sous le voile que vous cherchez, avec tant d'effort, à soulever, se cache un secret redoutable. Vous avez deux grands intérêts à ménager, celui du peuple et le vôtre : entre ces deux extrémités qui vous pressent également, laissez les destins se dénouer d'eux-mêmes, sans provoquer ce dénouement. Il est dangereux d'ébranler ainsi les bases d'un état tranquille et fortuné.

ŒDIPE.

Oui ; mais quand on est arrivé au comble des maux, ce danger ne subsiste plus.

LE VIEILLARD.

Fils de roi, espérez-vous donc vous découvrir à vous-même une plus noble origine ? Craignez de vous repentir bientôt d'avoir trouvé un autre père.

ŒDIPE.

Dussé-je m'en repentir, je veux connaître le sang dont je suis né, je ferai tout pour le découvrir. Mais voici le vieux pasteur qui avait le soin des troupeaux du roi : c'est Phorbas. Te rappelles-tu le nom ou les traits de ce vieillard ?

Scène III

LE VIEILLARD, PHORBAS, ŒDIPE.

LE VIEILLARD.

Sa vue réveille en moi quelque souvenir. Je ne le reconnais pas entièrement ; mais il ne m'est pas tout à fait inconnu. N'est-ce pas vous qui, sous le règne de Laïus, conduisiez ses troupeaux dans les pâturages que domine le Cithéron ?

PHORBAS.

Oui, les riantes prairies du Cithéron offrent, tous les étés, une verdure nouvelle à mes troupeaux.

LE VIEILLARD.

Me reconnaissez-vous ?

PHORBAS.

Je n'ai de vous qu'un souvenir vague et confus.

ŒDIPE.

Te souviens-tu d'avoir remis un enfant à ce vieillard ? Parle. Tu hésites ! pourquoi changer de couleur ? pourquoi chercher ce que tu as à dire ? Cette hésitation ne va point à la vérité.

PHORBAS.

C'est que vous m'interrogez sur des faits anciens, et que le temps a presque effacés de ma mémoire.

ŒDIPE.

Dis la vérité, si tu ne veux pas y être contraint par la douleur.

PHORBAS.

J'ai, en effet, remis à cet homme un enfant ; mais c'était un présent bien inutile, car l'enfant ne pouvait pas vivre.

LE VIEILLARD.

Que les dieux écartent ce présage ! Il vit, et puisse-
t-il vivre longtemps !

ŒDIPE.

Pourquoi dis-tu que cet enfant remis par loi ne
pouvait pas prolonger sa vie ;'

PHORBAS.

Parce que ses pieds avaient été percés d'un fer
mince, qui les joignait ensemble. Une tumeur s'était
formée à l'endroit de la blessure, et déjà la
corruption rongeait ce faible corps.

LE VIEILLARD , *à Œdipe*

Ne l'interrogez pas davantage ; vous touchez au
fatal dénouement.

ŒDIPE.

Dis-moi quel était cet enfant.

PHORBAS.

Le serment que j'ai fait me défend de le dire.

ŒDIPE.

Qu'on apporte des torches allumées : le feu t'ôtera cette discrétion.

PHORBAS.

Chercherez-vous la vérité par d'aussi cruels moyens ; épargnez-moi, de grâce.

ŒDIPE.

Si je te parais cruel et précipité dans ma colère, il ne tient qu'à toi d'en détourner les coups ; dis la vérité : quel était cet enfant ? quels étaient son père et sa mère ?

PHORBAS.

Sa mère, c'est votre épouse.

ŒDIPE.

O terre ! entrouvre-toi. Dieu des ténèbres, souverain des Ombres, entraîne au fond des enfers un misérable qui a interverti l'ordre de la naissance et de la génération. Thébains, amassez des pierres contre ma tête coupable ; que je meure sous vos traits ! Pères et enfants, frappez-moi ; épouses et frères, armez-vous contre moi ; peuple, victime d'un cruel fléau, prends la flamme de tes bûchers pour m'en accabler ! Je suis l'opprobre de mon siècle, l'objet de la colère céleste, le violateur des saintes lois de la nature. Dès l'instant où j'ai vu le jour pour la première fois, j'ai mérité la mort. Tu ne dois pas vivre plus longtemps, ô ma mère ! Prends une résolution digne de tes crimes. Et toi, malheureux Œdipe ! va, cours à ton palais, et remercie ta mère des enfants qu'elle t'a donnés.

Scène IV

S'il m'était permis de faire moi-même le plan de ma destinée [2025] , je ne laisserais souffler dans mes voiles qu'un léger Zéphyr, et jamais l'autan furieux ne briserait les antennes de mon vaisseau. Un vent doux et mesuré m'emporterait mollement sur les ondes, sans secousse et sans alarmes ; je trouverais une voie facile et sûre entre les écueils qui bordent les deux routes extrêmes de la vie.

Fuyant la colère du roi de Crète, un jeune imprudent [2026] s'élance dans les airs, à l'aide d'une invention nouvelle ; il veut, avec les fausses ailes qui le portent [2027] , prendre un vol plus fier que celui des oiseaux mêmes : il tombe, et son malheur donne à la mer qui le reçoit un nom nouveau [2028] .

Mais plus prudent, le vieux Dédale règle sagement son vol ; il se tient dans la moyenne région de l'air, et là, comme la poule qui craint l'épervier pour ses petits et les rassemble auprès d'elle, il rappelle son fils ailé [2029] , jusqu'au moment où il voit ce compagnon de son hardi voyage tomber dans l'onde et agiter en vain ses bras chargés d'entraves.

Tout ce qui sort des justes bornes touche à un abîme.

Mais qu'entends-je ? la porte s'ouvre avec fracas. Un serviteur du roi s'avance tristement, en se frappant la tête. Parlez : quelle nouvelle apportez-vous ?

Acte Cinquième

Scène I

UN ENVOYÉ

A peine Œdipe s'est-il vu dans l'accomplissement des oracles prononcés contre lui ; à peine a-t-il reconnu l'affreux mystère de sa naissance, et acquis la conviction de ses crimes, qu'il s'est avancé furieux vers son palais, et en a franchi précipitamment le seuil abhorré. Le lion d'Afrique est moins terrible quand sa rage l'emporte à travers les campagnes, et que sa crinière fauve s'agite sur son front menaçant. Son visage est sombre et effrayant, ses yeux hagards ; de sourds gémissements et de profonds soupirs s'échappent de sa poitrine ; une sueur glacée ruisselé de tous ses membres : il écume ; il éclate en cris effroyables, et la douleur bouillonne en son sein comme un flot comprimé ; sa colère, tournée contre lui-même, prépare je ne sais quelle résolution funeste comme sa destinée [2030] . « Pourquoi différer mon châtiment ? s'écrie-t-il... Du fer pour percer mon sein coupable, du feu, des pierres pour terminer ma vie ! Quel tigre, ou quel vautour cruel fondra sur moi pour déchirer mes entrailles ? Et toi, repaire de crimes, Cithéron maudit, déchaîne contre moi les monstres de tes bois, ou tes chiens furieux. Envoie-moi une Agave. Mon âme, pourquoi crains-tu la mort ? Elle seule dérobe l'innocence aux coups du malheur. »

A ces mots, sa main cruelle se porte à la garde de son épée et en fait sortir la lame. « Penses-tu donc, se dit-il alors, qu'un châtiment aussi léger suffise après tant d'horreurs, et crois-tu les expier toutes à la fois d'un seul coup ? Tu meurs, c'est bien, ton père est vengé. Mais ta mère ? mais ces enfants que tu as engendrés par un crime ? mais ta patrie, dont la ruine effroyable expie en ce moment tes forfaits ? Va, tu ne peux t'acquitter de tout ce que tu dois. La nature a troublé pour toi ses lois éternelles, et l'ordre accoutume de la naissance ; il faut que ton supplice la trouble aussi. Il te faut revivre, et mourir encore, et renaître toujours, afin que ton châtiment se renouvelle et s'éternise. Sers-toi de toutes les ressources de ton esprit ; supplée au nombre par la durée ; invente une mort longue, et trouve le moyen d'errer loin des vivants, sans être réuni aux morts. Meurs, mais un peu moins que ton père [2031] . Tu hésites, ô mon âme ! Un torrent de pleurs s'échappe malgré moi, et coule sur mes joues. Est-ce donc assez de pleurer ? Non, il faut que mes yeux mêmes sortent de leurs orbites et s'en aillent avec mes pleurs ; il faut arracher ces yeux coupables en expiation de mon hymen. »

Il dit, et sa colère va jusqu'à la fureur. Un feu sauvage anime ses traits menaçants, et ses yeux ont peine à se contenir dans leurs orbites. On voit sur son visage la colère, la violence, l'emportement féroce et la cruauté d'un bourreau ; il pousse un gémissement, frémit d'une manière horrible, et porte à son visage ses mains furieuses ; ses yeux se présentent fixes et hagards, chacun d'eux s'offre de lui-même à la main qui le menace, et va au-devant du supplice qu'il doit souffrir ; le malheureux plonge ardemment ses doigts forcenés dans leurs retraites, déracine à la fois les deux globes qu'elles renferment, et les retire tout sanglants. Sa main, déjà, ne fouille plus que le vide ; mais, toujours furieuse, s'y enfonce plus avant, et ravage encore l'intérieur de ces cavités profondes, où la lumière n'a plus d'entrée. Il s'épuise en vains transports, et prolonge inutilement son supplice : tant il a peur de voir encore le jour !

Enfin il lève la tête, et, de ses orbites sanglants et vides, parcourt l'étendue du ciel, pour éprouver cette nuit qu'il s'est faite. Il arrache tous les lambeaux de chair qui tiennent encore au siège de sa vue éteinte ; puis, fier d'un si beau triomphe, et s'adressant à tous les dieux : « Épargnez, s'écrie-t-il, épargnez ma patrie ; j'ai accompli vos décrets, je me suis puni de mes crimes. J'ai pu trouver enfin des ténèbres dont l'horreur égale celle de mon hymen. » Une pluie affreuse inonde son visage, et, de sa tête mutilée, le sang coule à grands flots par les veines que sa main a rompues.

Scène II

LE CHŒUR

Les destins sont nos maîtres [2032] , il faut céder à leur puissance. Jamais nos soins inquiets ne réussiront à changer la trame du fatal fuseau. Tout ce que nous souffrons ici-bas, tout ce que nous faisons, vient d'en haut. Lachésis veille à l'accomplissement des décrets qui se déroulent sous ses doigts impitoyables. Toute chose a sa voie tracée d'avance, et c'est le premier de nos jours qui détermine le dernier : Dieu même n'a pas le pouvoir de rompre cet enchaînement des effets et des causes ; et nulle prière ne peut changer l'ordre éternel qui engendre tous les faits humains. La crainte même de l'avenir est funeste, et plusieurs ont rencontré leur destinée en cherchant à l'éviter... Mais la porte a crié sur ses gonds, c'est le roi lui-même qui vient, sans guide pour le conduire au milieu de la nuit qui l'environne.

Scène III

ŒDIPE, LE CHŒUR, JOCASTE.

ŒDIPE.

C'en est fait, je suis content ; mon père est vengé par mes mains. J'aime ces ténèbres [2033] . Quelle divinité plus propice a répandu sur ma tête ce sombre nuage, en me pardonnant tous mes crimes ? J'échappe au jour qui en fut le complice et le témoin. Cette main souillée par le parricide est redevenue pure, depuis que la lumière m'a abandonné. Voilà bien l'état qui convient à Œdipe.

LE CHŒUR.

Regardez, voici Jocaste qui s'avance à grands pas, furieuse, égarée, dans le même état de rage et de stupeur où tomba cette mère thébaine, quand elle trancha la tête de son fils, ou quand elle s'aperçut de ce crime après l'avoir commis. Elle hésite, elle désire tout ensemble, et n'ose parler à ce malheureux prince. Mais la douleur est plus forte que la honte, et la parole est déjà sur ses lèvres.

JOCASTE.

Comment t'appellerai-je Pinon fils ? tu n'oses répondre ? tu es donc mon fils, la rougeur même le prouve. Quelque répugnance que ce nom t'inspire, parle à ta mère ; pourquoi détourner ta tête, et porter ailleurs tes orbites dévastées ?

ŒDIPE.

Qui vient m'empêcher de jouir des ténèbres mêmes ? Qui me rend ainsi la vue ? C'est ma mère, oh ! oui, je reconnais la voix de ma mère ; ce que j'ai fait ne sert de rien. Nous ne pouvons plus rester ensemble : coupables tous deux, il faut mettre entre nous une vaste étendue de mers, il faut que des terres inconnues nous séparent, il faut qu'un de nous cherche un asile au revers de ce monde, sur un autre hémisphère, éclairé par des astres nouveaux et par un autre soleil.

JOCASTE.

Notre crime est celui du destin [2034] ; l'homme qu'il persécute n'est point coupable.

ŒDIPE.

O ma mère ! n'en dites pas, n'en écoutez pas davantage, je vous en conjure par ces tristes débris de mon corps mutilé, par les malheureux enfants que vous m'avez donnés, par tous les liens sacrés ou impies [2035] qui nous unissent.

JOCASTE.

O mon âme ! d'où vient cet engourdissement ? Complice de ses crimes, pourquoi refuser d'en porter la peine ? Mon inceste a troublé les plus saintes lois et outragé tous les droits de la nature. Mourons donc, et que le fer m'arrache une vie abominable. Non, quand le maître des dieux lui-même, ébranlant l'univers, lancerait contre moi tous les traits de sa main foudroyante, jamais l'expiation n'égalerait l'horreur de mes crimes, mère sacrilège que je suis. Je veux mourir, cherchons-en les moyens. Prête-moi ta main, mon fils, si tu es vraiment parricide, achève ton ouvrage : tire l'épée qui a versé le sang de mon époux. Mais pourquoi lui donner un nom qui n'est pas le sien ? Laïus est mon beau-père. Faut-il enfoncer le fer dans ma poitrine, ou le plonger dans ma gorge prête à le recevoir ? Tu ne sais pas choisir la place, ô ma main, frappe ces flancs coupables qui ont porté tout ensemble un époux et un fils.

LE CHŒUR.

Elle expire. Sa main meurt sur la blessure ; et le sang qui s'en échappe avec violence, repousse le fer.

ŒDIPE.

Dieu des oracles ! toi qui présides à la vérité, c'est à toi que j'en appelle ici. Tes prédictions ne m'avaient annoncé que le meurtre d'un père ; et voilà que, doublement parricide, et plus coupable que je ne craignais de le devenir, j'ai tué aussi ma mère ; car c'est mon crime qui a causé sa mort [2036]. Apollon, dieu menteur, j'ai dépassé la mesure de mon affreuse destinée.

Maintenant, malheureux Œdipe ! va, suis d'un pas tremblant des voies ténébreuses, en posant sur la terre des pieds incertains et mal assurés. Cherche ta route avec la main dans la sombre nuit qui t'environne ; toujours prêt à tomber, sur un sol qui se dérobe sous toi, fuis, marche !... mais, arrête, tu vas rencontrer ta mère.

Vous que la maladie accable [2037] , et qui n'avez plus qu'un léger souffle de vie, relevez vos têtes mourantes, je pars, je m'exile : un air plus pur viendra sur vous dès que j'aurai quitté ces lieux. Que celui dont l'âme est prête à s'exhaler, respire librement et se ranime. Allez, portez secours à ceux dont la vie est déjà désespérée. J'emporte avec moi tous les principes destructeurs qui désolent ce pays. Mort cruelle, effroi qu'inspire un mal terrible, maigreur, fléau dévorant, douleur insupportable, venez tous avec moi, je ne veux pas d'autres guides que vous.

FIN DE
ŒDIPE

www.ingramcontent.com/pod-product-compliance
Lightning Source LLC
Chambersburg PA
CBHW072032150726
47999CB00002B/858